Paisaje nihilista

MUSEO SALVAJE

Colección de poesía

Poetry Collection

WILD MUSEUM

Susan Campos-Fonseca

PAISAJE NIHILISTA

Prólogo
Rocío Cerón

Nueva York Poetry Press®

Nueva York Poetry Press LLC
128 Madison Avenue, Oficina 2RS
New York, NY 10016, USA
Teléfono: +1(929)354-7778
nuevayork.poetrypress@gmail.com
www.nuevayorkpoetrypress.com

Paisaje nihilista
© 2018 Susan Campos-Fonseca
www.susancamposfonseca.net

© Prólogo y contratapa:
Rocío Cerón

ISBN-13: 978-1-7320736-5-4
ISBN-10: 1-7320736-5-1

© Colección *Museo Salvaje vol. 6*
(Homenaje a Olga Orozco)

© Concepto de colección y edición:
Marisa Russo

© Diseño de colección y cubierta:
William Velásquez Vásquez

© Fotografía de portada: Ibán González
Retrato de Regina Fiz

© Fotografía de la autora: Jeff Brenes

© Traducción al portugués de Ciberpunk Fados
Miguel Mouraro Gordo, NYC 2016.

Susan, Campos
Paisaje Nihilista/ Susan Campos. 1a edi-- New York: Nueva York Poetry Press, 2018.
104p. 5.25 x 8 inches

1. Poesía costarricense. 2. Poesía centroamericana. 3. Literatura latinoamericana.

Impreso en los Estados Unidos de América

LAS PARTÍCULAS DEL DESEO

La música transforma al escucha, así como el deseo y el paisaje de una ciudad hermosa y decadente. En *Paisaje nihilista*, de la artista sonora y poeta Susan Campos, los tiempos/inminencias se atraviesan: pasado, presente y futuro se entremezclan entre ciudades y cuerpos. Los barrios murmuran a sus habitantes, así como éstos le aportan su particular pulso; simbiosis y ritmo para descifrar un instante histórico.

En este volumen, Campos nos muestra, como detectora de rostros y tesituras, aquello que es invisibilizado por lo normativo así, en la serie *Ángel punk*, podemos mirar dentro de escenas fílmicas y con paisajes sonoros espesos para "Sentir sus manos en tu cuello sabiendo que no hay collar más hermoso que esos dedos que te asfixian con silencio. Pero las joyas más preciosas son frías." O darnos cuenta de cómo entre saudade y gozo hay siempre una brecha muy estrecha como en la serie *Ciberpunk Fados* donde entre esquirlas robóticas y sesiones de tatuaje, la tristeza intenta diluirse. Materialidades plásticas, tecnológicas que no pueden vencer, ni oscurecer, la verdadera naturaleza de la condición humana, es decir, su condición mortal. La autora lo revela con exactitud y puntualiza: "simplemente,/ somos hijos del aleteo.../ sólo eso."

En la serie que cierra el poemario, breve y exacto, por cierto, seguimos el eco de todo el *Paisaje nihilista*: un eco de resistencia ante lo regulado, lo servil y lo que intenta hacer que todos seamos iguales, como masa productiva desechable. Un barrio neoyorquino, aún en resistencia ante la gentrificación, Gowanus, da nombre a esta sección, donde la autora se pregunta por las polifonías entre trenes y ríos, entre volcanes de cristal y la devastación del mundo contemporáneo que incide en el pensamiento propio con una permanente sensación de muerte y derrotamiento, aunque siempre exista la salida del agua, de las partículas sonoras y del deseo por el cuerpo del otro. Así, Susan Campos, nos lanza hacia nuestras riberas interiores y nos dice, "Me dijiste que entre Brooklyn y Manhattan no hay fantasmas,/ pero no es así./ Dos figuras brotan de la arena secreta en mi memoria./ Allí, donde la ola de Hokusai no consigue llegar al océano".

ROCÍO CERÓN
Ciudad de México, junio 2018.

A ...

Mi vida...
caminar entre las chispas
de todo lo que se desmorona... despertar
sabiendo que soy
mi desierto más profundo... entender que
soy solo yo
entre las llamas...

Ángel punk

Un ángel punk ha venido a
empadronarme en la lista de
los desaparecidos porque he raptado
la avenida central con un beso.
(1993)

Epilogo 1

A Regina Fiz

Regina coloca sus pelucas sobre la cama
La lencería de seda
Los zapatos de tacón, talla más allá de 40

Es tan delgado... es una princesa...

Su cabeza rapada me deslumbra
Abre su cuaderno y me muestra los caminos de una
búsqueda
Se quita las pestañas
Limpia su rostro meticulosamente y me dice "a pocos dejo
observar esto".

Soy un hombre homosexual
Regina
Que no te engañe mi cuerpo

Contemplo tus prótesis y sé que amo

Te miro en la vitrina de los escaparates y sé que mi

naturaleza es de plástico.

Beso tus rodillas que sangran

Beso tu máscara de luchador porque todas las fieras son

domadas a tu paso por las calles.

Extraño el Madrid de tu reclusión

No existe más mujer que tú, alta y deliciosa como la Gran

Vía que se acuesta frente a mí, seduciendo a los muertos de

la guerra que aún arden en las calles.

Tus uñas rojas repiquetean en la mesa como los

bombardeos de Franco.

No eres de cera, ni estas conservada en un refrigerador bajo

la cruz de los caídos. Tú procedes del lugar donde las

mujeres de dos cabezas son amantes de los magos. Ellas,

que son capaces de desdoblarse para amar y saben, que un

cuchillo puede ser la llave del santuario.

Pero la puerta del jardín ha sido profanada. Al llegar la llave encuentra la puerta abierta. La magia escapó en un traje de luces. Así vuelven a mí los recuerdos de la infancia, como pájaros muertos en las manos de los niños. Sólo tú, Regina, sabes llevar ese traje, y recordarme que el corazón puede envejecer en menos de un segundo, consumido por un beso, tan seco como el mundo.

AMAR A LA MUJER ROJA

Los cuerpos humanos son palabra

WALT WHITMAN

1

Los cuerpos cayendo, elevados por el asesino y sus manos
de arenisca.

La playa extensa… el canto que brota de mi boca tras el
golpe certero.

2

Que terrible es el amor cuando se ama a una mujer, roja,
con un disparo en el corazón, que brota.

Que vacíos son los hombres, con sus manos manchadas de
pólvora. Que insatisfactorio su abrazo ante la muerte del
deseo, del hijo muerto.

Cuán inútil es la fuerza, y la luciérnaga que cae, azotada por
una ráfaga de ceniza.

Plazas de cuerpos cubiertos de blanco cantan en tu nombre, desaparecido.

Y tú, mi roja diosa del corazón derramado, decolorada por un latigazo, y los hoyos negros de esa materia oscura que es el alma de los hombres, uniformados, que arrebatan la vida. Mírame ahora, que todavía tu velo blanco cubre la cabeza de mi pérdida.
Yo solo tengo una ventana para mostrar la fotografía de mi hija, de mi hijo. Manos de arenisca los disuelven en ríos y mares, para que yo los olvide. Pero yo soy el líquido humano que mancha los mantos blancos.
Yo señalo desde mi ventana como una fuente. La fuente del disparo me atraviesa.
Que terrible es el amor cuando se ama a una mujer, roja, con un disparo en el corazón, que brota.

Amante de Marguerite Duras (M.D.)

Ella me enseñó que los animales humanos
se amputan lo más preciado.

1

Esta noche me senté en un lugar indeterminado, tenía las manos ensangrentadas.

Cansada he reposado mi cabeza rapada sobre el ruido.

2

La vejez llega repentinamente, como una revelación. M.D. desase la cama y guarda todo en una maleta de limpieza. Ella es un muro. Ella ahora sabe. Él se vende, se alquila, quedará en otro restaurante.

3

El televisor encendido para que nadie más escuche el gemir de los cuerpos, y la vieja sábana a cuadros: el laberinto sucio donde perdió el camino a casa.

Mandala

Wasting Love.
IRON MAIDEN

1

Los poetas cantan el mundo incluso aunque este se acabe. Y de los mundos acabados, a pesar de sus muchos finales, brotan poetas... por eso el nombre secreto de "la voz" es Comienzo.

2

Que ilusos somos los humanos cuando creemos que borrando o destruyendo algo deja de existir. Dar "borrar conversación", romper en mil pedazos algo preciado. La furia puede mantenernos vivos, pero ¿qué tipo de vida es esa?

3

Inmortal es quien se inmola a sí mismo, y
con una navaja va haciendo pequeños
cortes en un tiempo sin tiempo.

Ser ahogado por el silencio mientras te penetra como un amante. Sentir sus manos en tu cuello sabiendo que no hay collar más hermoso que esos dedos que te asfixian con silencio. Pero las joyas más preciosas son frías.

4

Decidir ser consumido como un mundo que conoce su fin, elegir al poeta que lo cante, y saber que éste solo conoce el silencio.

5 *(número humano)*

Los despojos se nos van cayendo, leprosos con el paso de los años. Eso es la vida, la farsa, la comodidad, la decepción. La traición a quien tiene fe en nosotros, a lo esencial perdido en un beso bajo un árbol florecido en la evidencia.

6 (*Tritono*)

> El dolor más hermoso es así, nos consume... nadie puede salvarnos de nosotros mismos, eso es la vida.

La ausencia va marcando pequeños cortes, los subrayo con mi navaja... corte tras corte, cuerpo tras cuerpo la ausencia me corta, y los lugares donde tuve o pensé que tuve antes de que el silencio devorara la presencia, van quedando como cicatrices... son Mandala.

EPÍLOGO 2

Meditación de Luzbel

No ser más que monstruo
Ni hombre ni mujer ni criatura prudente
solo una sombra palpitante en la oscuridad
dolorosa para sí misma en su anomalía
Señalada con el dedo por quienes dicen amarle
acosada por el deseo de que fuese otra cosa
Algo apto para ser amado
no un monstruo
simplemente un monstruo
lo que es
Para quienes "aman" eso no es suficiente
solo quieren que el monstruo sea un buen salvaje
conquistado
domesticado
exótico
para exhibirle como a un trofeo
pero silencioso y oscuro
para no perturbar
la normalidad

Ella (en voz baja).
—*Oye… Sé… Lo sé todo. Todo sigue.*
Él.
—*Nada. No sabes nada.*

MARGUERITE DURAS,

- *Hiroshima mon amour* (1959)

Ciberpunk Fados

1

Um dia eu vou ser uma boneca

Olhos de vidro, pele sintética

E a tristeza sera' apenas um conceito abstrato

Susan Campos-Fonseca

1

Un día seré una muñeca

Ojos de cristal, piel sintética

Y la tristeza sólo será un concepto abstracto

2

O cravo de uma máquina

Nas minhas ruínas eu vejo
o insondável
Tatuada no meu braço
Sustenho uma flor
morta

2

El clavel de una máquina

En mis ruinas contemplo
lo insondable
Tatuado en mi brazo
sostengo la flor
Muerta

3

Ouve olhando

De noite

A música que escrevo

Sabe, cheira

Corrosivo metal sob a areia

3

Escucha mirando

De noche

la música que escribo

Sabe huele

Corrosivo metal bajo la arena

4

Que paz chorar com um ser
Só a amnésia nos faz chorar
lágrimas abençoadas de uma
infância imaginária

Estas lágrimas são minhas

Minhas

4

Que gusto da llorar como un ser
sólo la amnesia nos saca
lágrimas benditas
de infancia imaginaria

Estas lágrimas son mías

Mías

5

Nós não somos filhos do suicídio dos deuses ...

De Caim ou Abel ...

Do silêncio (ou predileçao?) de um Deus ...

simplesmente

somos filhos do palpitaçao?

só isso.

5

No somos hijos del suicidio de los dioses…
de Caín o Abel…
del silencio (o predilección) de un Dios…
simplemente,
somos hijos del aleteo…

sólo eso.

Gowanus

1

Besarte junto al carrusel ha sido una metáfora de la vida,

igual que abrazarte escuchando la polifonía de los trenes,

y el sonido de Bach junto al río muerto de Gowanus.

Me dijiste que entre Brooklyn y Manhattan no hay

fantasmas,

pero no es así.

Dos figuras brotan de la arena secreta en mi memoria.

Allí, donde la ola de Hokusai no consigue llegar al océano.

2

Ahora los destellos sobre la bahía se posan levemente sobre el lago,
y el verde-púrpura del volcán emerge en las torres de cristal junto al río.

3

Nada pasa, nada crece, todo está devastado.

Y sin embargo algo brota,

Quieto y silencioso,

Sin que podamos detenerlo.

4

Me pregunto qué huella mía
quedó junto a Gowanus,
quizás entre las rocas de Red Hook,
qué rastro mío en el polvo.

5

Las criaturas inmortales son estériles,
lo confieso.
La luz nocturna cruza el río muerto,
y la vida es implacable.

6

Pienso en todo lo que inevitablemente desaparece,
reflejado en un espejo oscuro.

Las puertas de tu pueblo
reflejan las plagas de tu Dios.
Yo me encuentro igual que El,
no puedo entrar.

7

Tu Dios dijo: *si encuentras diez hombres justos, salvaré la ciudad.*

Figuras de sal que miraron atrás

Me rodean.

He tocado el fondo arenoso de mi corazón.

8

Regresaré.

Sé que regresaré varias veces a Gowanus

y el lecho del río se abrirá.

No temo a los fantasmas que sonríen,

Temo más la nostalgia,

y saber que jamás seré parte de esas familias felices,

Que toman el té bajo los sauces.

9

Ser el sonido de la vida
que alguna vez palpitó en el río Gowanus.
Ser una música que existe para recordar
que lo roto alguna vez fue hermoso
y que de lo destruido,
puede brotar de nuevo la belleza

Y yo, finalmente, solo soy material que se deforma con el paso del tiempo, como todo aquello en lo que dejé de creer, en lo que dejé de sentir, y en mi fe que se pudre.

ACERCA DE LA AUTORA

Susan Campos-Fonseca, es Doctora en Música, Máster en pensamiento español e iberoamericano por la Universidad Autónoma de Madrid - UAM, Doctora en Estudios de la Sociedad y la Cultura y Licenciada en dirección musical por la Universidad de Costa Rica (UCR), Campos-Fonseca se destaca como profesora e investigadora especialista en filosofía de la cultura y la tecnología, el arte electrónico y la creación sonora.

Sus trabajos, publicados en prestigiosas revistas internacionales y varios libros colectivos, han sido reconocidos con el Premio del Consejo Universitario UCR 2002, la WASBE conductor scholarship 2003, la Beca Fundación Carolina 2005, el Premio "100 Latinos" (2007) otorgado por la Comunidad Autónoma de Madrid y la Revista *Fusión Latina*, la Visitor Scholar 2009 del Department of Musicology de la University of California, Los Angeles (UCLA), el Corda Award 2009 otorgado por la Corda Foundation de Nueva York, la Fellow Scholar 2011-2012 del Center for Iberian and Latin American Music-

CILAM, University of California, Riverside (UCR), el **Premio de Musicología Casa de Las Américas 2012**, y el Premio Universitaria Destacada 2013 y 2014 otorgado por el Consejo Universitario y la Rectoría de la UCR.

Profesora de la Universidad de Costa Rica, miembro del consejo asesor del *Boletín de Música* de Casa de las Américas. Ha sido miembro de los comités científicos internacionales de las revistas españolas *Música y Educación* e *ITAMAR (investigación musical)*, miembro del Advisory Board del *IASPM@Journal*, editora invitada del volumen 15 (2011) de la *TRANS-Revista Transcultural de Música*, del volumen 3 de la colección Série Pesquisa em Música no Brasil – ANPPOM, y del Vol. 78, Núm. 1 (julio-diciembre 2018) de la *Revista Escena* del Instituto de Investigaciones en Arte-IIArte de la UCR.

La Dra. Campos Fonseca también fue fundadora y coordinadora del grupo Musicología feminista (2008-2015), de la Sociedad Ibérica de Etnomusicología (SIbE), y del grupo de investigación "De-colonising Knowledge and Aesthetics" de Matadero Madrid Centro de Cultura Contemporánea y del Centro de Estudios Poscoloniales de Goldsmiths-University of London (2012-2014).

Actualmente es Coordinadora académica general del proyecto UCR en la Sede Interuniversitaria de Alajuela (Proyecto del Consejo Nacional de Rectores - CONARE, Costa Rica), miembro de la RED TRANSCARIBE de estudios transareales y transculturales de Centroamérica y el Caribe de la UCR (2014-2017), de la Comisión del Espacio de Docencia Multi-, Inter-, y Transdisciplinaria - EDOMIT de la Vicerrectoría de Docencia de la UCR (2016-2017), y de la Comisión de Posdoctorado de la Vicerrectoría de Investigación de la UCR (2017-2018).

Susan Campos-Fonseca es artista del sello neoyorkino **Irreverence Group Music**, que ha producido varios álbumes con su música, entre ellos: *Minimal Aggression* junto al compositor y pianista Julián de la Chica (CD 2015), *Minimal Umbra* que reúne grabaciones que varios artistas internacionales dedicaron a su obra (EP 2016), *Zona de Silencio* grabación en vivo junto al compositor Julio Torres y el cineasta Pablo Chavarría en Na Bolom - La Capilla del jaguar, en Chiapas, México (EP 2016), *Tribute to Pauline Oliveros (1932-2016)* junto a varias artistas sonoras latinoamericanas (EP 2016), *Suicidio en Guayas* grabación en vivo realizada en Guayaquil, junto al artista sonoro Freddy

Vallejos, producido por la Universidad de las Artes del Ecuador (CD 2017), y *A Woman of No Importance. Cybernetics Oratorium* junto a la compositora Elena Zúñiga y el artista sonoro Tomas de Camino Beck (CD 2018).

ÍNDICE

CIBERPUNK FADOS

GOWANUS

Colección
LABIOS EN LLAMAS
(Homenaje a Lydia Dávila)

1
Fiesta equivocada
Lucía Carvalho

2
Entropías
Byron Ramírez Agüero

◆◆◆

Colección
SOBREVIVO
(Homenaje a Claribel Alegría)

1
#@nicaragüita
María Palitachi

◆◆◆

Colección
EL MUNDO DEL REVÉS
(Homenaje a María Elena Walsh)

1
El amor es un gigantosaurio observando el mar
Minor Arias Uva